27
Ln 15939.

ÉCOLE SECONDAIRE DE MÉDECINE
DE BESANÇON.

ÉLOGE

DE

M. LE PROFESSEUR PÉCOT,

PRONONCÉ

PAR M. LE DOCTEUR VILLARS,

DANS LA SÉANCE SOLENNELLE DE RENTRÉE,
LE 7 NOVEMBRE 1840.

Besançon.

IMPRIMERIE DE CH. DEIS.

M DCCC XL.

ÉCOLE SECONDAIRE DE MÉDECINE

DE BESANÇON.

ÉLOGE

DE

M. LE PROFESSEUR PÉCOT,

PRONONCÉ

PAR M. LE DOCTEUR VILLARS,

DANS LA SÉANCE SOLENNELLE DE RENTRÉE,
LE 7 NOVEMBRE 1840.

ÉLOGE

DE M. LE PROFESSEUR PÉCOT,

PAR M. LE DOCTEUR VILLARS.

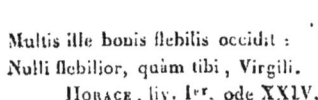

Multis ille bonis flebilis occidit :
Nulli flebilior, quàm tibi, Virgili.
HORACE, liv. Ier, ode XXIV.

Messieurs,

Dans l'année qui vient de s'écouler, notre école a eu à déplorer la mort de deux de ses professeurs : M. Thiébaut, dont la nomination remontait à son origine, et qui, après avoir contribué à ses premiers succès par sa participation zélée et consciencieuse à l'enseignement médical, lui a donné une dernière marque d'intérêt en lui léguant sa bibliothèque ; et M. Pécot, qui, dans la force de l'âge, permettait d'espérer qu'il pourrait long-temps encore instruire et diriger cette jeunesse attentive à ses leçons.

M. le professeur Martin vient de payer à la mémoire de M. le docteur Thiébaut un juste tribut de reconnaissance dans l'éloquent discours que vous avez entendu avec un vif intérêt. Chargé, par mes collègues et par M. le directeur de l'école, d'acquitter ce même devoir envers M. Pécot, j'aurais désiré que ce choix honorable fût tombé sur quelqu'un de plus exercé dans l'art de la parole, et de plus capable de relever tout ce qu'il y a eu de beau dans la vie du collègue dont la perte, encore récente, a été si vivement sentie par la plupart de ceux qui m'écoutent. Mais, son ami depuis plus de vingt ans, témoin de toutes ses actions, confident de ses pensées les plus intimes, j'ai cru qu'il suffirait pour vous intéresser de vous présenter le récit simple et vrai de ce que je sais de M. Pécot, convaincu que vos souvenirs achèveront l'ébauche que je n'aurai pu qu'esquisser faiblement.

Joseph-Gaspard-Auguste Pécot naquit à Besançon le 13 décembre 1797. Son père, homme aussi recommandable par son active et bienveillante philanthropie que par le haut degré de talent qu'il possédait dans son art, tenait alors le sceptre de la chirurgie bisontine. Chirurgien en chef du grand hôpital, il fut, à l'organisation des cours pratiques de médecine, par décret impérial du 7 août 1806, institué professeur de pathologie et de clinique chirurgicale. Malheureusement il ne devait pas jouir long-temps de cette juste récompense accordée à son mérite ; le 21 juin 1807 il fut enlevé par une apoplexie foudroyante, et l'école naissante perdit en lui un professeur sur lequel elle fondait l'espoir de sa célébrité future ; la société tout entière perdait un bienfaiteur, et sa famille, trop jeune encore, était privée d'un précieux et indispensable soutien.

Restée veuve avec trois enfants et dans une position de fortune toute modeste, madame Pécot trouva dans son cœur de mère, dans sa vive tendresse pour ceux que la Providence avait confiés à ses soins, et que lui avait légués l'époux qu'elle chérissait, le zèle et les ressources nécessaires pour veiller à leur éducation. Aristide, l'aîné de ses enfants, d'une constitution très forte, ne tarda pas d'être admis à l'école de médecine, où le protégeait le souvenir récent de son père ; doué d'une facilité extraordinaire et remarqué par ses progrès, il fut appelé aux armées comme chirurgien des hôpitaux militaires dans les derniers temps de l'empire et de cette lutte de géants que soutenait alors la France contre les forces réunies de toute l'Europe ; il succomba à mes côtés, pendant le blocus et le siége de Dresde, à ce typhus meurtrier qui ravageait alors nos armées.

Pendant ce temps Auguste continuait ses études au lycée de Besançon, et, sans être signalé parmi ces intrépides lauréats de collége qui ne laissent qu'à glaner à leurs jeunes camarades, il accomplissait toujours tous ses devoirs, et, s'acquérant dans toutes ses classes l'estime de ses maîtres et obtenant leurs éloges, il passait dans chacune d'elles pour un des meilleurs élèves. Il se faisait surtout remarquer par la manière logique de procéder de son intelligence, par la rectitude de son jugement, par sa persévérance opiniâtre dans le travail. Un fait, noté par ceux qui furent, à cette époque de sa vie, ou ses maîtres ou ses condisciples, c'est qu'il montrait déjà une grande force de volonté, et qu'il exerçait un ascendant marqué et une influence morale très grande sur l'esprit et les déterminations de ses camarades. Cette faculté de vouloir avec énergie et persévérance, nous donnera plus tard le secret de son incontestable mérite et de ses succès dans l'art qu'il a enseigné d'une manière brillante, et qu'il a pratiqué avec tant de distinction.

Après avoir terminé ses études préliminaires, il touchait à ce moment décisif pour un jeune homme, où il faut se choisir un état. Sa mère, qui connaissait depuis long-temps les chagrins et les peines profondes et sans cesse renaissantes qui sont inséparablement liés à l'exercice honorable de l'art de guérir, frappée d'ailleurs d'une insurmontable répugnance à lui voir embrasser une carrière qui lui semblait marquée pour elle du sceau d'une triste fatalité, et dans laquelle elle avait successivement perdu son époux et l'aîné de ses enfants, employa, pour le détourner de l'idée de se vouer à la médecine, tout ce que sa tendresse inquiète put lui suggérer. Elle l'engagea à faire sa polytechnie et à embrasser une de ces professions libérales qui, en le plaçant convenablement dans le monde, pût lui assurer une vie plus douce, un avenir plus tranquille. Mais le voyant entraîné par un penchant irrésistible vers l'étude des sciences médicales, après lui avoir rappelé de nouveau les inconvénients de cet état, et la pénible responsabilité qui pèse incessamment sur ceux qui l'exercent, elle céda à son désir qu'elle dut considérer comme une vocation spéciale.

Auguste Pécot entra donc à l'école de médecine le premier novembre 1815. De retour moi-même, depuis peu de temps, des armées, et chargé de diriger les travaux anatomiques de l'amphithéâtre particulier de M. le professeur Briot, je reportai sur Auguste les sentiments qui m'avaient lié à son frère aîné ; c'est de ce moment que date l'intime amitié qui nous a unis jusqu'à son dernier jour, et dont vingt-cinq ans de travaux simultanés n'avaient fait que resserrer de plus en plus les liens.

Dès ses premiers pas dans cette nouvelle carrière, Pécot fut remarqué de ses maîtres pour son assiduité, son zèle, son intelligence et sa constante application. Il ne tarda pas à l'être par ses progrès. Touchant à peine à sa troisième année d'études, et chargé par M. Briot de retracer l'histoire d'un cas intéressant de clinique chirurgicale, il s'acquitta de cette tâche d'une manière si distinguée, tant sous le rapport de la méthode et de la justesse des observations, que sous celui de la pureté du style et de l'élégance de la rédaction, que ce professeur, en le comblant d'éloges devant ses condisciples, se plut à leur proposer ce travail comme un modèle achevé et parfait de ce genre d'observations. Pécot concourut successivement les places d'élève expectant et externe, qui lui donnaient l'entrée des salles et lui conféraient le droit de participer aux pansements des blessés. A la fin de l'année 1817, il remportait le premier prix de la première classe ; enfin une place d'élève interne étant devenue vacante au mois d'août 1819, Pécot l'obtint à la suite d'un brillant concours.

Qu'il me soit permis, Messieurs, de remettre un instant sous les yeux des élèves tous les avantages attachés à cette place, et dont notre collègue, très jeune encore, avait si bien su profiter. L'internat, près des écoles de médecine et des grands hôpitaux, est un véritable stage-pratique. Là, le jeune médecin commence, sous la tutelle bienveillante et éclairée de ses maîtres, l'application des préceptes déduits des doctrines et des théories qui lui ont été enseignées. A l'arrivée de chaque malade, hors l'heure des cliniques, l'élève interne, suppléant obligé des chefs de service, est dans la nécessité de pourvoir aux premiers besoins, de remplir les indications urgentes ; toujours face à face des faits pratiques de l'art qu'il cultive, il apprend à reconnaître les maladies, à établir un diagnostique, à asseoir un jugement, à porter les premiers secours, à prescrire les premiers remèdes. Affranchi des pénibles angoisses, des perplexités cruelles qui obsèdent le jeune médecin livré à lui-même et à son inexpérience aux débuts de sa carrière, plein de confiance dans les lumières et dans le bon vouloir de ses chefs, il leur expose ce qu'il a fait et les raisons qu'il a eu d'agir, trouvant ainsi, dans l'approbation de sa conduite, ou dans les modifications qu'y apporte le maître, une règle sûre pour le présent et un guide pour l'avenir.

C'est dans l'exercice des fonctions de cette place que notre ami a commencé d'acquérir ce coup-d'œil sûr, cette pénétration, ce tact pratique qu'il a possédés plus tard à un degré éminent, et qui sont devenus la source de sa juste célébrité. Un fait digne de remarque et que je dois signaler ici, c'est que la plupart des élèves qui ont occupé l'internat dans les écoles, sont devenus par la suite des hommes recommandables, ou tout au moins de bons et de sages praticiens.

Au mois d'avril 1821, et avant l'expiration de son temps d'internat, Pécot pensa devoir se rendre dans la capitale pour compléter ses études et pour prendre ses grades. L'école de Paris brillait dès lors du plus vif éclat, et les savantes leçons des Béclard, des Boyer, des Orfila, des Marjolin, des Roux, des Dupuytren, y attiraient par milliers les jeunes médecins de la France et de tous les points de l'Europe. Il y arrivait lui, préparé par six années d'un travail assidu aux cours pratiques et aux cliniques de notre grand hôpital. Déjà initié aux diverses branches de la science médicale, il ne lui restait qu'à se perfectionner, pour chacune d'elles, aux leçons des grands maîtres dont il allait recueillir les précieux enseignements. Les cours d'anatomie du célèbre Béclard, ceux de pathologie chirurgicale de M. Marjolin, les cliniques de la Charité, rendues si instructives par les leçons de Boyer, ce Nestor de la chirurgie française, et par la dextérité opératoire de M. Roux ; la médecine légale que les travaux immenses de M. Orfila plaçaient au premier rang parmi les cours de la faculté, occupèrent simultanément ou successivement l'activité laborieuse de M. Pécot. Mais se destinant surtout à l'exercice de l'art chirurgical, ce fut aux leçons de Dupuytren, ce maître des maîtres, qu'il s'adonna d'une manière toute spéciale. Les cliniques de l'Hôtel-Dieu, les consultations publiques et les opérations de l'amphithéâtre ne l'ont pas vu s'absenter une fois pendant son long séjour à Paris.

En même temps qu'il passait, devant la faculté, ses examens pour l'obtention du doctorat, de la manière la plus honorable, il préparait, par de savantes recherches et d'ingénieuses expériences, sa thèse inaugurale.

Dans cette œuvre probatoire ayant pour titre : *De la ligature de l'artère dans l'opération de l'anévrisme*, M. Pécot expose l'état de la science sur la question qu'il traite, et rappelle les nombreux travaux de Hunter, d'Abernethy, de Lawrence, de Hodgson, de Travers, d'Astley-Cooper en Angleterre ; de Scarpa, de Guattani, de Vacca, de Mazzoni, de Paletta et d'Assalinni en Italie ; de Heister, de Walther, de Maunoir, de Mayor en Allemagne et en Suisse ; et, parmi nous, de Guillemeau, d'Anel, de Desault, de Sabattier, de Deschamps, de Pelletan, de Béclard, de Ribes, de Breschet et de Dupuytren. D'accord avec tous ces hommes célèbres sur la nécessité d'interrompre le cours du sang dans le vaisseau malade, en plaçant la ligature au-dessus de la tumeur et le plus loin possible de la naissance d'une grosse collatérale qui, empêchant la formation du caillot,

1.

compromet presque toujours le succès de l'opération, il ne peut plus être de l'avis de la plupart d'entre eux sur le procédé à suivre pour étreindre le vaisseau de la manière la plus favorable et la plus propre à prévenir son ulcération ou son sphacèle, et les hémorrhagies si instantanément meurtrières qui en sont la suite. Il démontre, par une série d'expériences faites sur des animaux vivants, et dont le résultat est véritablement concluant, que plus la ligature sera étroite et la constriction du vaisseau exacte, moins elle agira, par sa présence, comme cause déterminante d'ulcération et de gangrène; que la virole produite par l'exsudation albumineuse concrescible, sera d'autant plus entière et offrira un soutien d'autant plus efficace à l'effort du sang, qu'elle sera traversée par un lien de moindre grosseur; enfin qu'un simple cordonnet de fil ou de soie est infiniment préférable à toutes les ligatures larges et en ruban, aux pinces, aux serre-nœuds et aux presse-artères, qui, présentant tous un volume plus considérable, et agissant comme corps étrangers, déterminent, par leur présence, une abondante suppuration, affaiblissent la douille albumineuse et provoquent fréquemment l'ulcération du vaisseau et toutes ses funestes conséquences.

Ce travail, non moins remarquable par la correction et la convenance du style, par l'excellence de la méthode, que par les recherches expérimentales fort intéressantes, auxquelles M. Pécot s'est livré, et qui fixe invariablement le choix du moyen le plus propre à suspendre le cours du sang dans les gros vaisseaux artériels avec le moins de chances possibles d'accident, lui valut le titre de docteur en médecine, et en même temps celui de membre correspondant de la société médicale d'émulation de Paris.

Ce fut à cette époque, en août 1822, que commença pour le docteur Pécot cette vie si laborieuse, si active, incessamment partagée entre l'exercice pratique de son art, et les travaux de l'enseignement. A peine de retour dans ses foyers, la réputation qu'il s'était acquise pendant son internat, celle qu'il rapportait de la capitale, la bienveillance de quelques-uns de ses devanciers, justes appréciateurs de son mérite, et peut-être le souvenir non encore entièrement éteint des services rendus par son père, lui procurèrent bientôt une nombreuse clientelle.

Dans le même temps, une décision de l'administration des hospices retira aux professeurs chargés d'un cours d'enseignement dans l'école de médecine, le droit de donner des leçons particulières de leur art, fournissant ainsi aux jeunes médecins instruits l'occasion de leur préparer des successeurs, et préludant de la sorte à l'institution qui devait plus tard leur donner des adjoints et des agrégés. M. Briot, l'un des professeurs de cette école, céda à M. Pécot son amphithéàtre particulier, et nous le vîmes professer successivement l'anatomie descriptive et la physiologie, la théorie et le mécanisme des accouchements, les démonstrations des bandages et appareils, et la pratique des opérations chirurgicales avec leurs différentes méthodes et leurs divers procédés, variés à l'infini.

Dans l'accomplissement constant et journalier du précepte *docete ut doceamini,* M. Pécot, acquérait chaque jour davantage cette facilité d'élocution, cette manière claire et méthodique d'enchaîner ses idées, et d'exposer les faits de la science, qui attiraient à ses leçons un nombreux concours d'élèves, de jeunes médecins et d'officiers de santé attachés à l'hôpital militaire de notre ville. Il se familiarisait par de tels exercices avec les fonctions du professorat qu'il devait bientôt être appelé à remplir.

Vers la fin de 1826, M. Briot, qui, depuis nombre d'années, tenait le premier rang parmi les chirurgiens de Franche-Comté, ce maître dont vous avez tous connu et la dextérité opératoire, et le talent littéraire, et l'enthousiasme pour son art, et le zèle ardent qu'il mit à l'enseigner et à le pratiquer ; M. Briot fut enlevé à l'école, à la société, à sa famille, à ses amis, par une mort prématurée. Quelque difficile qu'il fût de le remplacer, il appartenait de solliciter la chaire qu'il laissait vacante à son jeune ami, à son élève de prédilection, à celui qui s'était dignement mis en mesure de lui succéder par les travaux que j'ai eu l'honneur de vous rappeler. L'académie des sciences, arts et belles-lettres de Besançon venait, sur la présentation motivée d'un de ses membres le plus recommandables, de M. Thomassin, ancien médecin en chef des armées, et l'une des illustrations de notre pays, d'appeler M. Pécot à occuper le fauteuil de son maître défunt, le désignant en quelque sorte, par cette admission dans son sein, au choix du ministre ; il était placé en tête de la candidature de ceux qui aspiraient à cet emploi, et réunissait mieux que personne toutes les conditions voulues pour le bien remplir. Eh bien ! qui le croirait? Messieurs, par suite d'imputations absurdes dont il avait été l'objet auprès du pouvoir, sa nomination fut retardée pendant près d'une année. On était à une époque où la vérité avait peine à se faire entendre, et où la raison n'avait pas toujours le droit d'avoir raison. Toutefois, mieux informé,

S. Exc. le ministre de l'instruction publique fit justice de ces absurdités, et nomma M. Pécot professeur provisoire à la chaire de pathologie et de clinique chirurgicale de l'école de médecine de Besançon, le 29 décembre 1827; il ne fut définitivement confirmé comme professeur titulaire que le 9 septembre de l'année suivante.

Durant une période de dix années, chargé de professer à l'école, l'anatomie et la physiologie pendant l'hiver, et les accouchements pendant l'été, M Pécot ne se bornait pas, dans ses leçons, à la description froide et à peu près stérile des organes, de leur position, de leurs insertions, de leurs rapports et de leurs usages; mais rattachant à chacune des parties qu'il décrivait des détails précieux sur leur mécanisme fonctionel, sur les altérations morbides et les lésions dont elles sont susceptibles, aussi-bien que sur les opérations chirurgicales qui se pratiquent sur chacune d'elles, il préparait ainsi ses jeunes auditeurs à l'intelligence rapide et complète des leçons de physiologie et de pathologie interne et externe, et aux démonstrations des procédés opératoires. Son cours d'accouchement n'était ni moins bien traité, ni moins fructueux pour les élèves: leur exposant, sur la théorie de cet art, les principes professés par les maîtres de la science, il puisait dans sa pratique de tous les jours, aussi-bien que dans leurs livres, les meilleurs préceptes sur le mécanisme de cette fonction, sur les manœuvres toujours délicates que souvent elle exige, et sur les opérations très graves que parfois elle réclame.

Partageant avec le professeur de clinique externe le soin des blessés, et chargé alternativement et par année du service chirurgical des salles où affluent incessamment des cas aussi nombreux que variés, M. Pécot se livra pendant ces dix années à la pratique des opérations chirurgicales avec non moins de dextérité que de succès. Perfectionnant, par un exercice de tous les jours, son talent d'opérateur, il faisait servir chacun des faits à l'instruction des élèves, préparait ou faisait préparer sous sa direction des pièces intéressantes d'anatomie pathologique, et recueillait en foule, sur les maladies qui sont du domaine de la chirurgie et sur leurs divers modes de traitement, de précieuses observations.

L'académie royale de médecine venait de l'associer à ses travaux en lui conférant le titre de membre correspondant au commencement de 1837. Dans le courant de la même année, l'école de médecine de Besançon recevait, par les soins de M. Orfila, une organisation nouvelle, lorsqu'elle perdit l'un de ses membres recommandables, M. Arbey, professeur de clinique chirurgicale. M. Pécot fut naturellement appelé à le remplacer dans cette chaire, dont il avait le titre depuis dix années, et que n'avait occupée dès lors son collègue que par suite de convenances réciproques, et d'un usage antérieurement établi à l'école. C'est là, Messieurs, c'est dans l'exercice de ces nouvelles fonctions, que M. Pécot est à sa véritable place, à celle que lui assignaient ses longs travaux et la spécialité de son talent. Tour à tour occupé de l'enseignement scientifique et de l'application pratique de son art, nous le voyons exposer dans ses leçons les doctrines et les théories des auteurs et des maîtres, discuter leurs principes et leurs opinions, mettre en parallèle leurs diverses méthodes, et, réunissant l'exemple au précepte, confirmer enfin la préférence accordée à tel ou tel procédé, par des opérations pratiquées avec habileté et presque toujours avec succès.

Pendant les trois années que notre collègue a occupé la chaire de clinique chirurgicale, nous l'avons vu passer successivement en revue, dans ses cours, toutes les maladies qui sont du ressort de la chirurgie, et traiter plus spécialement et d'une manière complète pour l'instruction des élèves, de celles qui attaquent les organes de la vision, ou les parties qui les protégent; des affections chirurgicales des vaisseaux sanguins dont il s'était tant occupé; des calculs vésicaux, et des diverses méthodes de lithotomie qu'il excellait à pratiquer; des différentes altérations morbides dont les articulations peuvent être le siége, altérations presque toujours liées à une disposition constitutionnelle ou humorale, d'une marche éminemment lente et chronique, et qui, résistant à l'action des agents thérapeutiques les plus énergiques, ne laissent le plus souvent aux malades et au chirurgien que la triste ressource d'une mutilation.

C'est surtout des luxations et des fractures que notre collègue s'est particulièrement occupé pendant son trop court enseignement. Tout ce qui a trait à la connaissance de ces maladies lui était devenu familier. Les symptômes communs et les signes différentiels ou caractéristiques des unes et des autres étaient l'objet de ses utiles démonstrations, parce qu'ils sont la base sur laquelle repose le choix d'un traitement approprié. C'est particulièrement dans les lésions traumatiques de l'articulation coxo-fémorale que la connaissance de ces signes est indispensable pour distinguer les luxations des fractures, et pour déterminer, parmi ces dernières, si elles sont intra ou extra-capsulaires, circonstance qui, si elle n'apporte pas dans la médication des changements bien importants, modifie toujours d'une manière notable le pronostic. Notre collègue a recueilli sur ce genre de lésions des pièces du plus haut intérêt. Le nombre, la variété des objets composant cette collection, dont il a doté notre école, le constituent bien réellement le fondateur de son muséum d'anatomie pathologique.

En même temps que M. Pécot se consacrait avec un si louable dévouement à l'instruction des élèves et au soulagement des nombreux malades admis à l'hôpital où il passait près de deux heures régulièrement chaque jour, il était obligé de répondre aux besoins d'une vaste clientelle. Sa réputation, qui ne devait rien au savoir faire et à l'intrigue, le faisait fréquemment appeler sur tous les points de notre province, pour donner son avis dans les cas de maladies graves, ou pour pratiquer les opérations difficiles. Toutefois, hâtons-nous de le dire, quelque nombreuses ou productives que fussent ses occupations au-dehors, il ne négligeait pas ses devoirs de professeur et n'abandonna jamais ses pauvres malades de l'hospice. Il ne comptait auprès d'eux, ni avec son temps, ni avec sa peine, ni même avec ses forces et son existence. D'une infatigable activité, il suffisait à tout, et trouvait encore du temps qu'il consacrait à des œuvres utiles, à des devoirs de confraternité littéraire ou de philanthropie.

L'académie des sciences, arts et belles-lettres de notre ville l'a vu, payant un juste tribut de reconnaissance à son ancien maître, et rendant hommage au talent de son savant prédécesseur, prononcer devant elle l'éloge de M. Briot, et rappeler tous les titres de cet homme recommandable soit comme praticien, soit comme professeur, soit comme membre couronné de plusieurs sociétés savantes. Un rapport très bien fait sur un mémoire envoyé à l'académie par M. Bonfils, médecin à Nancy ; une notice sur la maladie et la mort de Mgr. Dubourg, dans laquelle M. Pécot rapporte plusieurs traits intéressants de la vie de ce saint prélat ; enfin quelques notes sur l'embaumement, dont il est loin de se montrer partisan, ayant failli devenir victime de ceux qu'il avait pratiqués au moyen du deuto-chlorure d'hydrargire (l'admirable procédé de M. Gannal n'étant pas alors connu), complètent ses travaux académiques. Chargé en 1838 du compte rendu des travaux de l'année à la distribution solennelle des prix, M. Pécot prononce, au sein de l'école de médecine, l'éloge du professeur Collard, et fait ressortir les éminentes qualités de cette intelligence puissante, et les nombreux services qu'il a rendus pendant trente années à notre établissement.

Des observations nombreuses et du plus haut intérêt, des notes précieuses sur une foule de maladies chirurgicales, ont été recueillies par notre savant collègue ; mais des occupations accablantes et sans relâche ne lui ont pas permis de les mettre au jour.

Désigné chirurgien-major de la garde nationale à sa réorganisation, il en a rempli les fonctions jusqu'à son dernier jour. Membre de la commission des prisons et du comité d'instruction primaire, son zèle ardent pour les progrès de l'instruction élémentaire et pour la propagation des connaissances utiles, dans l'une ; ses conseils hygiéniques pour la salubrité des prisons et pour l'amélioration du régime matériel et moral des prisonniers, dans l'autre de ces associations philanthropiques, ne prouvent pas moins la bonté de son cœur, que la variété et l'étendue de ses connaissances. Ingénieux à faire le bien, il savait se multiplier pour se rendre plus utile, et modeste sans effort, il ne parlait jamais que de ce qui lui restait à faire.

Nommé par le ministre de l'intérieur au jury médical du Doubs le 31 août 1839, il ne devait siéger qu'une fois dans ce conseil chargé de conférer, après mûr examen, le titre d'officier de santé et le droit d'exercer la médecine aux jeunes gens sortis de notre école; ce devait être là un des derniers actes publics de la vie malheureusement si courte, mais à la fois si intéressante et si pleine de notre digne collègue.

M. Pécot était d'une stature élevée; sa constitution était faible et délicate. Une affection typhoïde qu'il avait essuyée dans les premières années de ses études, et qui pour lui, comme pour la plupart des étudiants en médecine, était le fruit de ses travaux d'amphithéâtre et de la fréquentation des hôpitaux, avait laissé dans ses viscères une trace indélébile, source des fréquentes altérations ultérieures de sa santé.

Il avait l'œil vif et pénétrant, la voix sonore. Sa parole grave et fortement accentuée, était parfois sévère; il savait la rendre douce, persuasive et toujours affectueuse pour les malheureux et pour ceux auxquels il imposait les douleurs cruelles, mais salutaires, d'une opération indispensable. Son visage était sérieux et imposant; sa physionomie, souvent empreinte du sceau de la tristesse et de la souffrance. Son cœur était bon, dévoué, généreux. Le pauvre ainsi que le riche avaient un droit égal à ses soins;

il ne faisait acception, dans l'exercice de son ministère, ni du rang, ni de l'opulence, et le seul titre de préférence ayant quelque poids à ses yeux, était la gravité des maux, ou l'imminence du péril. Combien de fois l'avons-nous vu, auprès de pauvres malades, descendre aux soins les plus vulgaires pour assurer leur efficacité, ne trouvant rien d'indigne à de tels soins, parce qu'il les voyait ennoblis par le but pieux et touchant de soulager son semblable.

M. Pécot avait la main petite, déliée et remarquable par la souplesse de ses mouvements et par sa dextérité. Si la nature lui avait refusé cette constitution robuste et vigoureuse, si favorable à ceux qui se consacrent aux travaux pénibles et fatigants de la pratique de notre art, il avait appris à y suppléer par une énergie de vouloir peu commune, et par une persévérance sans égale. Coup-d'œil rapide et sûr, jugement sain et affermi par une longue expérience et par l'étude consciencieuse des faits, sang-froid imperturbable, dextérité opératoire, il possédait à un très haut degré ces diverses qualités qui font le grand chirurgien; dans les cas graves et difficiles, il se plaisait à s'entourer de ses confrères, à s'éclairer de leurs lumières, à déférer à leurs avis; quand la nécessité d'une opération avait été reconnue, quand le plan en avait été arrêté et qu'il s'était prémuni de tout ce que sa prévoyance attentive et éclairée lui avait fait juger convenable ou nécessaire, dans ce moment solennel où la vie de son semblable était remise en ses mains, il procédait sans trouble et avec une sage lenteur, ne donnant rien au hasard et se montrant moins jaloux d'acquérir cette réputation d'habileté si recherchée des opérateurs, que d'assurer par tous les moyens le succès de ses entreprises. Aussi le plus souvent les conduisait-il à bonne fin, et il obtenait la guérison, but de ses efforts, précieuse rémunération de ses travaux.

Dans l'exercice public de son art, M. Pécot s'était acquis, dans toutes les classes de la société, la reconnaissance et l'amitié de ses nombreux clients. C'était un juste retour des services qu'il ne cessait de rendre, de cette entière consécration de lui-même aux maux et aux besoins de ses semblables. A eux de nous apprendre tout ce que son cœur renfermait d'active bienveillance et d'affectueux dévouement.

Dois-je vous dire, Messieurs, que, modèle accompli de piété filiale et d'amitié fraternelle, il fut, pour sa mère, le meilleur des fils; pour sa sœur, le plus tendre, le plus dévoué des frères.

Rappellerai-je ici que, plein de délicatesse, de loyauté et de droiture dans ses relations confraternelles, on ne l'entendit pas prononcer une parole de dénigrement, et que, se respectant dans la personne de ses confrères, il ne s'exprima jamais, sur leur compte, qu'avec réserve, convenance et dignité.

Uni depuis peu d'années à une jeune femme digne à tous égards de le comprendre, il semblait ne devoir rien manquer à son bonheur auprès de cette douce compagne de sa vie. Mais loin de jouir ensemble de cette félicité à laquelle ils pouvaient prétendre, cette excellente épouse ne devait être, hélas! que la consolatrice des peines de son époux, que l'ange gardien de ses cruelles souffrances et de sa longue agonie.

Des travaux excessifs et des fatigues sans cesse renaissantes minaient sourdement et chaque jour la santé trop frêle du docteur Pécot. Dans l'hiver de 1839, il fut atteint d'une fièvre muqueuse qui le retint deux mois dans son lit et dont il eut peine à se remettre. Effrayés des altérations profondes que cette maladie avait laissées, sa jeune femme, ses confrères les plus affectionnés, ses nombreux amis le dissuadaient du projet de reprendre ses travaux et lui conseillaient un long repos et un séjour en Italie. Inutiles recommandations, vaines instances! Pécot ne vivait plus depuis long-temps que pour son art. Il reprit donc en même temps et ses leçons et la clinique de son hôpital, ainsi que le soin d'une partie de sa clientelle.

Pendant l'hiver de 1840, sa maigreur devint extrême. En proie à des douleurs continuelles d'entrailles, privé en même temps et d'appétit et de la faculté de digérer et de se nourrir, il était consumé par une fièvre lente dont les redoublements nocturnes se terminaient par d'abondantes sueurs. Cet effort critique était brusquement enrayé par la nécessité de se rendre chaque matin à son cours de clinique. Il ne se dissimulait pas la gravité de sa position, et on l'a souvent entendu dire, à cette époque, que du jour où il se mettrait au lit, il n'en relèverait pas. Fatale prévision qui ne devait que trop tôt être justifiée!

Dans le courant de février, il fut obligé de suspendre ses cours, et le 4 mars, il ne put quitter son lit dont il ne devait plus sortir.

Alors commença cette longue série de douleurs vraiment effrayantes, qui l'obsédaient sans relâche et que rien ne put appaiser. Partant de l'organe digestif comme d'un centre dès long-temps attaqué, la maladie irradiait partout, et, en multipliant ses souffrances, portait sur les autres appareils fonctionnels son influence désorganisatrice. En vain sa digne épouse lui prodiguait-elle incessamment les plus tendres soins; inutilement de nombreux confrères l'entouraient-ils de tout ce que l'amitié peut inspirer à la science de dévouement et de zèle ; tout fut inutile ; ses maux étaient au-dessus de tous les remèdes ; la mort seule pouvait y mettre un terme.

Pécot mieux que personne avait diagnostiqué son mal ; il en avait annoncé l'inévitable et fâcheuse issue. Lorsque, réunis autour de son lit de douleur, impuissants à le guérir, nous cherchions à lui donner le change sur la gravité de son état : Vous êtes bien bons, mes amis, nous disait-il, mais vous ne parviendrez pas à m'abuser sur ma position ; on ne guérit pas avec des viscères en complète désorganisation. Et, malgré cette conviction si forte, si inébranlable de sa fin prochaine, malgré les douleurs cruelles et incessantes auxquelles il était en proie, et qui, en concentrant le *moi* humain, devaient le rendre égoïste, son cœur était si bon, si généreux, si plein d'affectueuses sympathies, qu'il ne s'est pas passé un seul jour de sa longue et douloureuse maladie, sans qu'il me demandât plusieurs fois, et avec le plus vif intérêt, des nouvelles de mon fils aîné qui se mourait d'une affection du cœur, et qui ne devait précéder mon ami que de quelques jours dans la tombe.

Après avoir reçu du digne évêque qui avait béni son union et dont il était le médecin et l'ami, les secours si efficaces de la religion, Pécot mourut en chrétien le 16 mai 1840.

Si sa maladie avait été, pour toutes les classes de la société bisontine, un sujet d'inquiétudes et du plus bienveillant intérêt, sa mort fut le signal d'une consternation générale, d'un deuil universel. Les premières autorités civiles et militaires du département, l'école de médecine tout entière, des députations de la garde nationale, des sociétés savantes ou philanthropiques dont il était membre, et un concours immense de citoyens, accompagnaient en pleurant son convoi. M. Vertel, directeur de l'école de médecine, M. le docteur Bulloz, au nom de l'académie, et l'un des élèves internes, au nom de ses condisciples, adressèrent à notre collègue au cercueil de touchants adieux.

En nous résumant, Messieurs, nous devons dire, et sans crainte de rencontrer des contradicteurs, que M. Pécot fut à la fois excellent fils, bon frère, époux tendre et affectueux, ami sûr et dévoué, confrère loyal, plein d'honneur et de probité; qu'il fut l'un des chirurgiens les plus distingués qu'ait possédés notre province, et que, doué d'une santé meilleure et placé sur un plus vaste théâtre, on l'aurait vu marcher l'égal des plus hautes célébrités; que, portant jusqu'à l'enthousiasme l'amour de son art, il n'avait rien tant à cœur que son illustration et ses progrès; et qu'après lui avoir voué sa vie tout entière, après l'avoir abrégée en la consacrant au culte de la science, il voulut encore lui être utile, même après sa mort. « Je lègue, a-t-il dit, en tra-
» çant ses dernières volontés, je lègue à l'école de médecine
» de Besançon mes livres de médecine et mes instruments
» de chirurgie, désirant qu'ils servent encore après moi
» à l'instruction des élèves. »

« Je charge ma femme d'employer après elle un capital
» de vingt mille francs à fonder à Besançon, soit une place

» de médecin des pauvres, soit de bibliothécaire ou de chef
» des travaux anatomiques près de l'école de médecine de
» Besançon. »

De tels actes, Messieurs, sont au-dessus de nos éloges. Ils appellent votre reconnaissance, jeunes élèves, et commandent notre estime à tous.

Cher Pécot ! ton amitié embellit la moitié de ma vie, ta perte empoisonnera le reste.

Cunctis *ille bonis flebilis perdidit*
Nulli flebilior quàm mihi !....

www.ingramcontent.com/pod-product-compliance
Lightning Source LLC
Chambersburg PA
CBHW060551050426
42451CB00011B/1854